So funktioniert das Duftbilderbuch

In diesem Buch finden sich sechs Seiten, die duften. Reibt man mit einem Finger daran, wird der Duft freigesetzt. Am besten benutzt man für jeden Duft einen anderen Finger. Da die Seite mit mehreren Schichten imprägniert ist, wird der Duftstoff rund zwanzigmal freigesetzt. Erst dann lässt der Duft nach. Die Inhaltsstoffe der Düfte sind gesundheitlich unbedenklich. Entdeckt folgende Düfte: Gewürzbrot, Tomate, Basilikum, Pilze, Erdbeere, Apfel.

Dana Grigorcea, geboren 1979 in Bukarest, studierte Deutsche und Niederländische Philologie, Theater- und Filmregie sowie Journalismus. 2015 gewann sie den 3sat-Preis am Ingeborg-Bachmann-Wettbewerb. Dana Grigorcea lebt mit ihrem Mann, dem Schriftsteller Perikles Monioudis, und ihren beiden Kindern in Zürich. Für Baeschlin hat sie bereits die Geschichte »Mond aus!« geschrieben.

Oskar Weiss, 1944 in Chur geboren, lebt in Muri bei Bern. Der Bildererfinder fabuliert und inszeniert leidenschaftlich gerne mit Witz, Satire und Poesie. Seine Werke reichen von der Briefmarke bis zur großen Wandmalerei, er zeichnet für die Medien und stellt seine Bilder in Galerien und kulturellen Zentren aus. Seine Bücher für Erwachsene und Kinder haben zahlreiche Auszeichnungen erhalten.

Hero Lenzburg

Der Nase nach
© Baeschlin, Glarus 2018
Gestaltung: AS Verlag & Grafik
Druck und Bindung: Grafisches Centrum Cuno, Calbe
ISBN: 978-3-03893-000-6
Alle Rechte vorbehalten.

Besuchen Sie uns im Internet: www.baeschlinverlag.ch

Baeschlin wird vom Bundesamt für Kultur mit einem Strukturbeitrag für die Jahre 2016–2020 unterstützt.

Dana Grigorcea · Oskar Weiss

DER NASE NACH

Baeschlin

Prinz Jakob und sein kluges Pferd Hubertus haben alle Prüfungen gemeistert: Sie haben unglaublich viele Drachen und böse Hexen besiegt, die in Tiere verwandelten Brüder der Prinzessin zurückverwandelt, das entführte Schloss an seinen angestammten Platz gebracht. Sogar den verschwundenen Ring der Prinzessin haben sie gefunden!

Nun soll Prinz Jakob belohnt werden: Er darf die Prinzessin heiraten und zu ihr ins Schloss ziehen.

Die Prinzessin aber stellt noch eine letzte Aufgabe: Prinz Jakob muss sie erlesen bekochen!

»Kochen? Könnten wir vielleicht etwas anderes tun, teure Prinzessin?«, fragt das mutige Pferd Hubertus.
»Prinz Jakob ist ein edler Ritter! Er hat noch nie ein Mahl zubereitet. Er verfügt über Bedienstete. Und über eine Frau Mama!«

Weil sie die Prinzessin nicht umstimmen
können, gehen die beiden Helden
auf den Markt.
»Hier finden wir frische Zutaten«, sagt der
treue Hubertus.
»Aber ich mag keine Märkte, Hubertus!
Da gibt es so viele Dinge, dass man vergisst,
was man eigentlich wollte.«
»Vertrau mir, Prinz Jakob, der Marktbesuch
wird ein Vergnügen! Lass uns einfach
der Nase nach gehen!«

MMMH, WIE DAS DUFTET!

»Mmmh, wie das Brot duftet! Sieh her, mein Prinz, Weißbrot und Baguette, Brezeln, Vollkornbrot und auch ein wunderbares Gewürzbrot. Oder nehmen wir das Holzofenbrot mit der knusprigen Kruste?«
»Nussbrot mag die Prinzessin vielleicht. Ich mag es ja auch«, sagt Prinz Jakob zaghaft.
»Oder Maisbrötchen mit Rosinen, mein Prinz? Hier darf man sogar kosten ... Aber zur Suppe soll es Kartoffelbrot geben!«

»Hubertus, schau, die vielen saftigen Tomaten! Die sind bestimmt schön reif, bei dem Duft, den sie verbreiten.«
»Daraus machen wir einen Salat, eine Suppe und die Saucen, einverstanden?«, fragt der einfallsreiche Hubertus.

»Was riecht hier so gut, Hubertus?«
»Das ist Basilikum.«
»Das brauchen wir unbedingt!«,
sagt Prinz Jakob.
»Gute Wahl, mein Prinz! Basilikumblätter benötigen wir für den Tomatensalat und die Spaghetti, aber auch für den Obstsalat und die Schokoladentorte!«

WAS RIECHT HIER SO GUT?

»So viele Schirmchenträger, mein Prinz! Im Pilzbuch steht, dass die Pilze im Wald vor allem dann wachsen, wenn es warm ist und viel regnet. Es gibt etwa ... kannst du das lesen? ... sechstausend Arten von Pilzen! Nicht alle darf man essen, manche sind sehr giftig. Genießbar sind zum Beispiel Steinpilze, Pfifferlinge, Speisemorchel und Habichtspilze.«

Prinz Jakob staunt.
»Isst man die Pilze denn auch roh?«
»Ja, aber dafür braucht man einen Pferdemagen, Prinz Jakob!«

»Erdbeeren, wir benötigen Erdbeeren, Hubertus!«
»Unbedingt! Nimm doch zwei kleine Körbchen davon!«
»Mehr, Hubertus, mehr! Ganz viele Erdbeeren für die Prinzessin!«

»Kauf auch rote Äpfel, mein Prinz!
Ich muss noch etwas anderes besorgen...«
»Oh ja, ich weiß, Hubertus, Äpfel sind
deine Leibspeise! Wie die duften! Und schau,
die haben auch frischen Apfelsaft!«

Das kluge Pferd Hubertus ist ein vorzüglicher Koch. Es schneidet das Gemüse in feine Würfelchen, würzt jedes Gericht ganz vorsichtig und kostet dann mit dem großen Holzlöffel, ob es schmeckt.
Und auch Prinz Jakob gibt sich Mühe.

MMMH, HIER RIECHT ES KÖSTLICH!

In der Küche wird es heiß, es dampft an allen Ecken und Enden.
»Mmmh, hier riecht es köstlich«, zwitschern die Vögel von den Fenstersimsen.
Auch die Katze der Prinzessin und ein junger Fuchs, der unbemerkt im Garten vorbeistreift, werden vom Geruch betört.
Lecker!

Die Prinzessin ist überglücklich:
»So muss ein Mahl sein: ein Fest!«
»Finde ich auch«, sagt die Königin.
»Man muss das Essen immer feiern.«
»Meine Worte!«, sagt der König.
Auch er ist entzückt.

Und so freuten sich der Prinz und die Prinzessin an allem Schönen, Duftenden und Köstlichen auf der Welt, und sie waren glücklich bis in alle Ewigkeit.

Und Hubertus war es auch.